Luc de Clapiers, marquis de Vauvenargues

Réflexions

et

Maximes

UltraLetters

UltraLetters Publishing

Titre : Réflexions et maximes

Auteur : Luc de Clapiers, marquis de Vauvenargues

Première publication : 1746

Texte de ce livre : deuxième édition de 1747

Gravure de couverture : Charles Amédée Colin (XIXème)

ISBN: 978-2-930718-52-1

www.UltraLetters.com

UltraLetters Publishing, Brussels.
contact@UltraLetters.com

AVERTISSEMENT

Comme il y a des gens qui ne lisent que pour trouver des erreurs dans un Écrivain, j'avertis ceux qui liront ces Réflexions que s'il y en a quelqu'une qui présente un sens peu favorable à la piété, l'Auteur désavoue ce mauvais sens,& souscrit le premier à la Critique qu'on en pourra faire. Il espère cependant que les personnes désintéressées n'auront aucune peine à bien interpréter ses sentiments. Ainsi lorsqu'il dit : La pensée de la mort nous trompe, parce qu'elle nous fait oublier de vivre ; il se flatte qu'on verra bien que c'est de la pensée de la mort sans la vue de la Religion qu'il veut parler. Et encore ailleurs, lorsqu'il dit : La conscience des mourants calomnie leur vie... il est fort éloigné de prétendre qu'elle ne les accuse pas souvent avec justice. Mais il n'y a personne qui ne sache que toutes les propositions générales ont leurs exceptions. Si on n'a pas pris soin ici de les marquer, c'est parce que le genre d'écrire que l'on a choisi, ne le permet pas. Il suffira de confronter l'Auteur avec lui-même pour juger de la pureté de ses principes.

J'avertis encore les Lecteurs que toutes ces pensées ne se suivent pas, mais qu'il y en a plusieurs qui se suivent, & qui pourraient paraître obscures, ou hors d'œuvre, si on les séparait. On n'a point conservé dans cette Édition l'ordre qu'on leur avait donné dans la première. On en a retranché plus de deux cents maximes. On en a éclairci ou étendu quelques-unes, & on en a ajouté un petit nombre.

REFLEXIONS ET MAXIMES

Avec des additions, des éclaircissements,
& des retranchements considérables.

SECONDE EDITION.

NDE : réflexions et maximes non corrigées, conformes à
l'édition de 1747.

I.

Il est plus aisé de dire des choses nouvelles que de concilier celles qui ont été dites.

II.

L'esprit de l'homme est plus pénétrant que conséquent, & embrasse plus qu'il ne peut lier.

III.

Lorsqu'une pensée est trop foible pour porter une expression simple, c'est la marque pour la rejetter.

IV.

La clarté orne les pensées profondes.

V.

L'obscurité est le royaume de l'erreur.

VI.

Il n'y auroit point d'erreurs qui ne périssent d'elles-mêmes, rendues clairement.

VII.

Ce qui fait souvent le mécompte d'un Écrivain est qu'il croit rendre les choses telles qu'il les apperçoit ou qu'il les sent.

VIII.

On proscriroit moins de pensées d'un ouvrage, si on les concevoit comme l'Auteur.

IX.

Lorsqu'une pensée s'offre à nous comme une profonde découverte, & que nous prenons la peine de la développer, nous trouvons souvent que c'est une vérité *qui court les rues.*

X.

Il est rare qu'on approfondisse la pensée d'un autre ; de sorte que s'il arrive dans la suite qu'on fasse la même réflexion, on se persuade aisément qu'elle est nouvelle, tant elle offre de circonstances & de dépendances qu'on avoit laissé échapper.

XI.

Si une pensée ou un ouvrage n'intéressent que peu de personnes, peu en parleront.

XII.

C'est un grand signe de médiocrité de louer toujours modérément.

XIII.

Les fortunes promptes en tout genre sont les moins solides, parce qu'il est rare qu'elles soient l'ouvrage du mérite. Les fruits mûrs mais laborieux de la prudence sont toujours tardifs.

XIV.

L'espérance anime le Sage, & leurre le présomptueux & l'indolent, qui se reposent inconsidérément sur ses promesses.

XV.

Beaucoup de défiances & d'espérances raisonnables sont trompées.

XVI.

L'ambition ardente exile les plaisirs dès la jeunesse, pour gouverner seule.

XVII.

La prospérité fait peu d'amis.

XVIII.

Les longues prospérités s'écoulent quelquefois en un moment comme les chaleurs de l'été sont emportées par un jour d'orage.

XIX.

Le courage a plus de ressources contre les disgraces que la raison.

XX.

La raison & la liberté sont incompatibles avec la foiblesse.

XXI.

La guerre n'est pas si onéreuse que la servitude.

XXII.

La servitude abaisse les hommes jusqu'à s'en faire aimer.

XXIII.

Les prospérités des mauvais Rois sont fatales aux peuples.

XXIV.

Il n'est pas donné à la raison de réparer tous les vices de la nature.

XXV.

Avant d'attaquer un abus, il faut voir si on peut ruiner ses fondemens.

XXVI.

Les abus inévitables sont des loix de la nature.

XXVII.

Nous n'avons pas droit de rendre misérables ceux que nous ne pouvons rendre bons.

XXVIII.

On ne peut être juste si on n'est humain.

XXIX.

Quelques Auteurs traitent la Morale comme on traite la nouvelle Architecture, où l'on cherche avant toutes choses la commodité.

XXX.

Il est fort différent de rendre la vertu facile pour l'établir, ou de lui égaler le vice pour la détruire.

XXXI.

Nos erreurs & nos divisions dans la morale viennent quelquefois de ce que nous considérons les hommes comme s'ils pouvoient être tout-à-fait vicieux ou tout-à-fait bons.

XXXII.

Il n'y a peut-être point de vérité qui ne soit à quelque esprit faux matiere d'erreur.

XXXIII.

Les générations des opinions sont conformes à celles des hommes, bonnes & vicieuses tour à tour.

XXXIV.

Nous ne connoissons pas l'attrait des violentes agitations. Ceux que nous plaignions de leurs embarras, méprisent notre repos.

XXXV.

Personne ne veut être plaint de ses erreurs.

XXXVI.

Les orages de la jeunesse sont environnés de jours brillans.

XXXVII.

Les jeunes gens connoissent plûtôt l'amour que la beauté.

XXXVIII.

Les femmes & les jeunes gens ne séparent point leur estime de leurs goûts.

XXXIX.

La coutume fait tout jusqu'en amour.

XL.

Il y a peu de passions constantes, il y en a beaucoup de sinceres : cela a toujours été ainsi. Mais les hommes se piquent d'être constans, ou indifférens, selon la mode, qui excede toujours la nature.

XLI.

La raison rougit des penchans dont elle ne peut rendre compte.

XLII.

Le secret des moindres plaisirs de la nature passe la raison.

XLIII.

C'est une preuve de petitesse d'esprit lorsqu'on distingue toujours ce qui est estimable de ce qui est aimable. Les grandes ames aiment naturellement tout ce qui est digne de leur estime.

XLIV.

L'estime s'use comme l'amour.

XLV.

Quand on sent qu'on n'a pas de quoi se faire estimer de quelqu'un, on est bien près de le hair.

XLVI.

Ceux qui manquent de probité dans les plaisirs, n'en ont qu'une feinte dans les affaires. C'est la marque d'un naturel féroce, lorsque le plaisir ne rend point humain.

XLVII.

Les plaisirs enseignent aux Princes à se familiariser avec les hommes.

XLVIII.

Le trafic de l'honneur n'enrichit pas.

XLIX.

Ceux qui nous font acheter leur probité ne nous vendent ordinairement que leur honneur.

L.

La conscience, l'honneur, la chasteté, l'amour & l'estime des hommes sont à prix d'argent. La libéralité multiplie les avantages des richesses.

LI.

Celui qui fait rendre ses profusions utiles a une grande & noble économie.

LII.

Les sots ne comprennent pas les gens d'esprit.

LIII.

Personne ne se croit propre comme un sot à duper un homme d'esprit.

LIV.

Nous négligeons souvent les hommes sur qui la nature nous donne ascendant, qui sont ceux qu'il faut attacher & comme incorporer à nous, les autres ne tenant à nos amorces que par l'intérêt, l'objet du monde le plus changeant.

LV.

Il n'y a guéres de gens plus aigres que ceux qui sont doux par intérêt.

LVI.

L'intérêt fait peu de fortunes.

LVII.

Il est faux qu'on ait fait fortune lorsqu'on ne sait pas en jouir.

LVIII.

L'amour de la gloire fait les grandes fortunes entre les peuples.

LIX.

Nous avons si peu de vertu, que nous nous trouvons ridicules d'aimer la gloire.

LX.

La fortune exige des soins. Il faut être souple, amusant, cabaler, n'offenser personne, plaire aux femmes & aux hommes en place, se mêler des plaisirs & des affaires, cacher son secret, & savoir s'ennuyer la nuit à table, & jouer trois quadrilles sans quitter sa chaise : même après tout cela on n'est sûr de rien. Combien de dégoûts &

d'ennuis ne pourroit-on s'épargner, si on osoit aller à la gloire par le seul mérite.

LXI.

Quelques fous se sont dit à table : il n'y a que nous qui soyons bonne compagnie ; & on les croit.

LXII.

Les joueurs ont le pas sur les gens d'esprit comme ayant l'honneur de représenter les hommes riches.

LXIII.

Les gens d'esprit seroient presque seuls sans les sots qui s'en piquent.

LXIV.

Celui qui s'habille le matin avant huit heures pour entendre plaider à l'audience, ou pour voir des tableaux étalés au Louvre, ou pour se trouver aux répétitions d'une Pièce prête à paroître, & qui se pique de juger en tout genre du travail d'autrui, est un homme auquel il ne manque quelquefois que de l'esprit & du goût.

LXV.

Nous sommes moins offensés du mépris des sots que d'être médiocrement estimés des gens d'esprit.

LXVI.

C'est offenser les hommes que de leur donner des louanges, qui marquent les bornes de leur mérite. Peu de gens sont assez modestes pour souffrir sans peine qu'on les apprécie.

LXVII.

Il est difficile d'estimer quelqu'un comme il veut l'être.

LXVIII.

On doit se consoler de n'avoir pas les grands talens, comme on se console de n'avoir pas les grandes places. On peut être au-dessus de l'un & de l'autre par le cœur.

LXIX.

La raison & l'extravagance, la vertu & le vice ont leurs heureux. Le contentement n'est pas la marque du mérite.

LXX.

La tranquillité d'esprit passeroit-elle pour une meilleure preuve de la vertu ? La santé la donne.

LXXI.

Si la gloire & si le mérite ne rendent pas les hommes heureux, ce que l'on appelle bonheur mérite-t-il leurs regrets ? Une ame, un peu courageuse, daigneroit-elle accepter ou la fortune, ou le repos d'esprit, ou la modération, s'il falloit leur sacrifier la vigueur de ses sentimens & abaisser l'essor de son génie ?

LXXII.

La modération des grands hommes ne borne que leurs vices.

LXXIII.

La modération des foibles est médiocrité.

LXXIV.

Ce qui est arrogance dans les foibles est élévation dans les forts, comme la force des malades est frénésie, & celle des sains est vigueur.

LXXV.

Le sentiment de nos forces les augmente.

LXXVI.

On ne juge pas si diversement des autres que de soi-même.

LXXVII.

Il n'est pas vrai que les hommes soient meilleurs dans la pauvreté que dans les richesses.

LXXVIII.

Pauvres & riches, nul n'est vertueux ni heureux, si la fortune ne la mis à sa place.

LXXIX.

Il faut entretenir la vigueur du corps pour conserver celle de l'esprit.

LXXX.

On tire peu de services des vieillards.

LXXXI.

Les hommes ont la volonté de rendre service jusqu'à ce qu'ils en ayent le pouvoir.

LXXXII.

L'avare prononce en secret : Suis-je chargé de la fortune des misérables ? Et il repousse la pitié qui l'importune.

LXXXIII.

Ceux qui croyent n'avoir plus besoin d'autrui, deviennent intraitables.

LXXXIV.

Il est rare d'obtenir beaucoup des hommes dont on a besoin.

LXXXV.

On gagne peu de choses par habileté.

LXXXVI.

Nos plus sûrs protecteurs sont nos talens.

LXXXVII.

Tous les hommes se jugent dignes des plus grandes places ; mais la Nature qui ne les en a pas rendus capables, fait aussi qu'ils se tiennent très-contens dans les dernieres.

LXXXVIII.

On méprise les grands desseins lorsqu'on ne se sent pas capable des grands succès.

LXXXIX.

Les hommes ont de grandes prétentions & de petits projets.

XC.

Les grands hommes entreprennent les grandes choses, parce qu'elles sont grandes ; & les fous, parce qu'ils les croyent faciles.

XCI.

Il est quelquefois plus facile de former un parti, que de venir par degrés à la tête d'un parti déjà formé.

XCII.

Il n'y a point de parti si aisé à détruire que celui que la prudence seule a formé. Les caprices de la nature ne sont pas si frêles que les chef-d'œuvres de l'art.

XCIII.

On peut dominer par la force, mais jamais par la seule adresse.

XCIV.

Ceux qui n'ont que de l'habileté ne tiennent en aucun lieu le premier rang.

XCV.

La force peut tout entreprendre contre les habiles.

XCVI.

Le terme de l'habileté est de gouverner sans la force.

XCVII.

C'est être médiocrement habile que de faire des dupes.

XCVIII.

La probité qui empêche les esprits médiocres de parvenir à leurs fins est un moyen de plus de réussir pour les habiles.

XCIX.

Ceux qui ne savent pas tirer parti des autres hommes sont ordinairement peu accessibles.

C.

Les habiles ne rebutent personne.

CI.

L'extrême défiance n'est pas moins nuisible que son contraire. La plûpart des hommes deviennent inutiles à celui qui ne veut pas risquer d'être trompé.

CII.

Il faut tout attendre & tout craindre du temps & des hommes.

CIII.

Les méchans sont toujours surpris de trouver de l'habileté dans les bons.

CIV.

Trop & trop peu de secret sur nos affaires témoigne également une ame foible.

CV.

La familiarité est l'apprentissage des esprits.

CVI.

Nous découvrons en nous-mêmes ce que les autres nous cachent, & nous reconnoissons dans les autres ce que nous nous cachons nous-mêmes.

CVII.

Les maximes des hommes décèlent leur cœur.

CVIII.

Les esprits faux changent souvent de maximes.

CIX.

Les esprits légers sont disposés à la complaisance.

CX.

Les menteurs sont bas & glorieux.

CXI.

Peu de maximes sont vraies à tous égards.

CXII.

On dit peu de choses solides lorsqu'on cherche à en dire d'extraordinaires.

CXIII.

Nous nous flattons sottement de persuader aux autres ce que nous ne pensons pas nous-mêmes.

CXIV.

On ne s'amuse pas longtemps de l'esprit d'autrui.

CXV.

Les meilleurs Auteurs parlent trop.

CXVI.

La ressource de ceux qui n'imaginent pas, est de conter.

CXVII.

La stérilité de sentiment nourrit la paresse.

CXVIII.

Un homme qui ne dîne ni ne soupe chez soi, se croit occupé. Et celui qui passe la matinée à se laver la bouche & à donner audiance à son Brodeur, se moque de l'oisiveté d'un Nouvelliste, qui se promene tous les jours avant dîner.

CXIX.

Il n'y auroit pas beaucoup d'heureux s'il appartenoit à autrui de décider de nos occupations & de nos plaisirs.

CXX.

Lorsqu'une chose ne peut nous nuire, il faut se moquer de ceux qui nous en détournent.

CXXI.

Il y a plus de mauvais conseils que de caprices.

CXXII.

Il ne faut pas croire aisément que ce que la nature a fait aimable soit vicieux. Il n'y a point de siécle & de peuples qui n'ayent établi des vertus & des vices imaginaires.

CXXIII.

La raison nous trompe plus souvent que la nature.

CXXIV.

La raison ne connoît pas les intérêts du cœur.

CXXV.

Si la passion conseille quelquefois plus hardiment que la réflexion, c'est qu'elle donne plus de force pour exécuter.

CXXVI.

Si les passions font plus de fautes que le jugement, c'est par la même raison que ceux qui gouvernent font plus de fautes que les hommes privés.

CXXVII.

Les grandes pensées viennent du cœur.

CXXVIII.

Le bon instinct n'a pas besoin de la raison, mais il la donne.

CXXIX.

On paye cherement les moindres biens, lorsqu'on ne les tient que de la raison.

CXXX.

La magnanimité ne doit pas compte à la prudence de ses motifs.

CXXXI.

Personne n'est sujet à plus de fautes que ceux qui n'agissent que par réflexion.

CXXXII.

On ne fait pas beaucoup de grandes choses par conseil.

CXXXIII.

La conscience est la plus changeante des regles.

CXXXIV.

La fausse conscience ne se connoît pas.

CXXXV.

La conscience est présomptueuse dans les Saints, timide dans les foibles & les malheureux, inquiete dans les indécis, &c. Organe obéissant du sentiment qui nous domine & des opinions qui nous gouvernent.

CXXXVI.

La conscience des mourans calomnie leur vie.

CXXXVII.

La fermeté ou la foiblesse de la mort dépend de la derniere maladie.

CXXXVIII.

La nature épuisée par la douleur assoupit quelquefois le sentiment dans les malades, & arrête la volubilité de leur esprit. Et ceux qui redoutoient la mort sans péril, la souffrent sans crainte.

CXXXIX.

La maladie éteint dans quelques hommes le courage, & dans quelques autres la peur, & jusqu'à l'amour de la vie.

CXL.

On ne peut juger de la vie par une plus fausse règle que la mort.

CXLI.

Il est injuste d'exiger d'une ame atterrée & vaincue par les secousses d'un mal redoutable, qu'elle conserve la même vigueur qu'elle a fait paroître en d'autres temps. Est-on surpris qu'un malade ne puisse plus ni marcher, ni veiller, ni se soutenir ? Ne seroit-il pas plus étrange s'il étoit encore le même homme qu'en pleine santé ? Si nous avons eu la migraine & que nous ayons mal dormi, on nous excuse d'être incapables ce jour-là d'application,

& personne ne nous soupçonne d'avoir toujours été inappliqués. Refuserons-nous à un homme qui se meurt, le privilége que nous accordons à celui qui a mal à la tête, & oserons-nous assurer qu'il n'a jamais eu de courage pendant sa santé, parce qu'il en aura manqué à l'agonie ?

CXLII.

Pour exécuter de grandes choses, il faut vivre comme si on ne devoit jamais mourir.

CXLIII.

La pensée de la mort nous trompe ; car elle nous fait oublier de vivre.

CXLIV.

Je dis quelquefois en moi-même : la vie est trop courte pour mériter que je m'en inquiéte. Mais si quelque importun me rend visite, & qu'il m'empêche de sortir ou de m'habiller, je perds patience, & ne puis supporter de m'ennuyer une demi heure.

CXLV.

La plus fausse de toutes les Philosophies est celle qui sous prétexte d'affranchir les hommes des embarras des passions, leur conseille l'oisiveté, l'abandon & l'oubli d'eux-mêmes.

CXLVI.

Si toute notre prévoyance ne peut rendre notre vie heureuse, combien moins notre nonchalance ?

CXLVII.

Personne ne dit le matin : Un jour est bien-tôt passé, attendons la nuit. Au contraire on rêve la veille à ce que l'on fera le lendemain. On seroit bien mari de passer un seul jour à la merci du temps & des fâcheux. On n'oseroit laisser au hasard la disposition de quelques heures, & on a raison. Car qui peut se promettre de passer une heure sans ennui, s'il ne prend soin de remplir a son gré ce court espace ? Mais ce qu'on n'oseroit se promettre pour une heure, on se le promet quelquefois pour toute la vie. Et on dit : Nous sommes bien fous de nous tant inquiéter de l'avenir ; c'est-à-dire, nous sommes bien fous de ne pas commettre au hazard nos destinées, & de pourvoir à l'intervalle qui est entre nous & la mort.

CXLVIII.

Ni le dégoût n'est une marque de santé, ni l'appétit n'est une maladie : mais tout au contraire. Ainsi pense-t-on sur le corps. Mais on juge de l'ame sur d'autres principes. On suppose qu'une ame forte est celle qui est exempte de passions. Et comme la jeunesse est plus ardente & plus active que le dernier âge, on la regarde comme un temps de fiévre : & on place la force de l'homme dans sa décadence.

CXLIX.

L'esprit est l'œil de l'ame, non sa force. Sa force est dans le cœur, c'est-à-dire dans les passions. La raison la plus éclairée ne donne pas d'agir & de vouloir. Suffit-il d'avoir la vûe bonne pour marcher ? Ne faut-il pas encore avoir des pieds, & la volonté avec la puissance de les remuer ?

CL.

La raison & le sentiment se conseillent & se suppléent tour à tour. Quiconque ne consulte qu'un des deux, & renonce à l'autre, se prive inconsidérément soi-même d'une partie des secours qui nous ont été accordés pour nous conduire.

CLI.

Nous devons peut-être aux passions les plus grands avantages de l'esprit.

CLII.

Si les hommes n'avoient pas aimé la gloire, ils n'avoient ni assez d'esprit ni assez de vertu pour la mériter.

CLIII.

Aurions-nous cultivé les arts sans les passions ; & la réflexion toute seule nous auroit-elle fait connoître nos ressources, nos besoins & notre industrie ?

CLIX.

Les passions ont appris aux hommes la raison.

CLV.

Dans l'enfance de tous les peuples comme dans celle des particuliers, le sentiment a toujours précédé la réflexion, & en a été le premier maître.

CLVI.

Qui considérera la vie d'un seul homme y trouvera toute l'histoire du genre humain, que la science & l'expérience n'ont pu rendre bon.

CLVII.

S'il est vrai qu'on ne peut anéantir le vice, la science de ceux qui gouvernent est de le faire concourir au bien public.

CLVIII.

Les jeunes gens souffrent moins de leurs fautes que de la prudence des vieillards.

CLIX.

Les conseils de la vieillesse éclairent sans échauffer comme le soleil de l'hiver.

CLX.

Le prétexte ordinaire de ceux qui font le malheur des autres est qu'ils veulent leur bien.

CLXI.

Il est injuste d'exiger des hommes qu'ils fassent par déférence pour nos conseils, ce qu'ils ne veulent pas faire pour eux-mêmes.

CLXII.

Il faut permettre aux hommes de faire de grandes fautes contre eux-mêmes, pour éviter un plus grand mal : la servitude.

CLXIII.

Quiconque est plus sévere que les loix, est un tyran.

CLXIV.

Ce qui n'offense pas la société n'est pas du ressort de sa justice.

CLXV.

C'est entreprendre sur la clémence de Dieu de punir sans nécessité.

CLXVI.

La morale austere anéantit la vigueur de l'esprit, comme les enfans d'Esculape détruisent le corps, pour détruire un vice du sang, souvent imaginaire.

CLXVII.

La clémence vaut mieux que la justice.

CLXVIII.

Nous blâmons beaucoup les malheureux des moindres fautes, & les plaignons peu des plus grands malheurs.

CLXIX.

Nous réservons notre indulgence pour les parfaits.

CLXX.

On ne plaint pas un homme d'être un sot ; & peut-être qu'on a raison. Mais il est fort plaisant d'imaginer que c'est sa faute.

CLXXI.

Nul homme n'est foible par choix.

CLXXII.

Nous querellons les malheureux pour nous dispenser de les plaindre.

CLXXIII.

La générosité souffre des maux d'autrui comme si elle en étoit responsable.

CLXXIV.

L'ingratitude la plus odieuse, mais la plus commune & la plus ancienne, est celle des enfans envers leurs peres.

CLXXV.

Nous ne savons pas beaucoup de gré à nos amis d'estimer nos bonnes qualités, s'ils osent seulement s'appercevoir de nos défauts.

CLXXVI.

On peut aimer de tout son cœur ceux en qui on reconnoît de grands défauts. Il y auroit de l'impertinence à croire que la perfection a seule le droit de nous plaire. Nos foiblesses nous attachent quelquefois les uns aux autres autant que pourroit faire la vertu.

CLXXVII.

Les Princes font beaucoup d'ingrats parce qu'ils ne donnent pas tout ce qu'ils peuvent.

CLXXVIII.

La haine est plus vive que l'amitié, moins que l'amour.

CLXXIX.

Si nos amis nous rendent des services, nous pensons qu'à titre d'amis ils nous les doivent ; & nous ne pensons point du tout qu'ils ne nous doivent pas leur amitié.

CLXXX.

On n'est pas né pour la gloire lorsqu'on ne connoît pas le prix du temps.

CLXXXI.

L'activité fait plus de fortunes que la prudence.

CLXXXII.

Celui qui seroit né pour obéir, obéiroit jusque sur le Trône.

CLXXXIII.

Il ne paroît pas que la nature ait fait les hommes pour l'indépendance.

CLXXXIV.

Pour se soustraire à la force, on a été obligé de se soumettre à la justice. La justice, ou la force, il a fallu opter entre ces deux maîtres ; tant nous étions peu faits pour être libres.

CLXXXV.

La dépendance est née de la société.

CLXXXVI.

Faut-il s'étonner que les hommes ayent cru que les animaux étoient faits pour eux, s'ils pensent même ainsi de leurs semblables & que la fortune accoutume les puissans à ne compter qu'eux sur la terre ?

CLXXXVII.

Entre Rois, entre peuples, entre particuliers, le plus fort se donne des droits sur le plus foible, & la même regle est suivie par les animaux & les êtres inanimés ; de sorte que tout s'exécute dans l'univers par la violence. Et cet ordre que nous blâmons avec quelque apparence de justice, est la loi la plus générale, la plus immuable & la plus ancienne de la nature.

CLXXXVIII.

Les foibles veulent dépendre, afin d'être protégés. Ceux qui craignent les hommes, aiment les loix.

CLXXXIX.

Qui sait tout souffrir, peut tout oser.

CXC.

Il y a des injures qu'il faut dissimuler pour ne pas compromettre son honneur.

CXCI.

Il est bon d'être ferme par tempéramment, & flexible par réflexion.

CXCII.

Les foibles veulent quelquefois qu'on les croie méchans : mais les méchans veulent passer pour bons.

CXCIII.

Si l'ordre domine dans le genre humain, c'est une preuve que la raison & la vertu y sont les plus fortes.

CXCIV.

La loi des esprits n'est pas différente de celles des corps, qui ne peuvent se maintenir que par une continuelle nourriture.

CXCV.

Lorsque les plaisirs nous ont épuisés, nous croyons avoir épuisé les plaisirs ; & nous disons que rien ne peut remplir le cœur de l'homme.

CXCVI.

Nous méprisons beaucoup de choses pour ne pas nous mépriser nous-mêmes.

CXCVII.

Notre dégoût n'est point un défaut & une insuffisance des objets extérieurs, comme nous aimons à le croire, mais un épuisement de nos propres organes & un témoignage de notre foiblesse.

CXCVIII.

Le feu, l'air, l'esprit, la lumiere, tout vit par l'action. De-là la communication & l'alliance de tous les êtres. De-là l'unité & l'harmonie dans l'univers. Cependant cette loi de la nature si féconde, nous trouvons que c'est un vice dans l'homme. Et parce qu'il est obligé d'y obéir, ne pouvant subsister dans le repos, nous concluons qu'il est hors de sa place.

CXCIX.

L'homme ne se propose le repos que pour s'affranchir de la sujettion & du travail. Mais il ne peut jouir que par l'action, & n'aime qu'elle.

CC.

La fruit du travail est le plus doux des plaisirs.

CCI.

Où tout est dépendant, il y a un maître. L'air appartient à l'homme, & l'homme à l'air ; & rien n'est à soi ni à part.

CCII.

Ô soleil ! Ô cieux ! Qu'êtes-vous ? Nous avons surpris le secret & l'ordre de vos mouvemens. Dans la main de l'Être des êtres instrumens aveugles & ressorts peut-être insensibles, le monde sur qui vous régnez mériteroit-il nos hommages ? Les révolutions des empires, la diverse face des temps, les nations qui ont dominé, & les hommes qui ont fait la destinée de ces nations mêmes, les principales opinions & les coutumes, qui ont partagé la créance des peuples dans la Religion, les arts, la morale & les sciences, tout cela que peut-il paroître ? Un atôme presque invisible, qu'on appelle l'homme, qui rampe sur la face de la terre, & qui ne dure qu'un jour, embrasse en quelque sorte d'un coup d'œil le spectacle de l'univers dans tous les âges.

CCIII.

Quand on a beaucoup de lumieres, on admire peu. Lorsque l'on en manque, de même. L'admiration marque le degré de nos connoissances, & prouve moins souvent la perfection des choses que l'imperfection de notre esprit.

CCIV.

Ce n'est pas un grand avantage d'avoir l'esprit vif, si on ne l'a juste. La perfection d'une pendule n'est pas d'aller vite, mais d'être réglée.

CCV.

Parler imprudemment & parler hardiment est presque toujours la même chose : mais on peut parler sans prudence, & parler juste. Et il ne faut pas croire qu'un homme a l'esprit faux, parce que la hardiesse de son caractere, ou la vivacité de ses passions, lui auront arraché malgré lui-même quelque vérité périlleuse.

CCVI.

Il y a plus de sérieux que de folie dans l'esprit des hommes. Peu sont nés plaisans. La plûpart le deviennent par imitation, froids copistes de la vivacité & de la gayeté.

CCVII.

Ceux qui se moquent des penchans sérieux, aiment sérieusement les bagatelles.

CCVIII.

Différent génie, différent goût. Ce n'est pas toujours par jalousie que réciproquement on se rabaisse.

CCIX.

On juge des productions de l'esprit comme des ouvrages mécaniques. Lorsque l'on achete une bague, on dit : celle-là est trop grande ; l'autre est trop petite, jusqu'à ce qu'on en rencontre une pour son doigt. Mais il n'en reste pas chez le Joaillier : car celle qui m'est trop petite, va bien à un autre.

CCX.

Lorsque deux Auteurs ont également excellé en divers genres, on n'a pas ordinairement assez d'égard à la subordination de leurs talens : & Despreaux va de pair avec Racine. Cela est injuste.

CCXI.

J'aime un Écrivain qui embrasse tous les temps & tous les pays, & rapporte beaucoup d'effets à peu de causes, qui compare les préjugés & les mœurs de différens siécles, qui par des exemples tirés de la peinture ou de la musique, me fait connoître les beautés de l'éloquence & l'étroite liaison des arts. Je dis d'un homme qui rapproche ainsi les choses humaines, qu'il a un grand génie, si ses conséquences sont justes. Mais s'il conclud mal, je présume qu'il distingue mal les objets, ou qu'il n'aperçoit pas d'un seul coup d'œil tout leur ensemble, & qu'enfin quelque chose manque à l'étendue ou à la profondeur de son esprit.

CCXII.

On discerne aisément la vraie de la fausse étendue d'esprit, car l'une agrandit ses sujets ; & l'autre par l'abus des épisodes & par le faste de l'érudition les anéantit.

CCXIII.

Quelques exemples rapportés en peu de mots, & à leur place, donnent plus d'éclat, plus de poids, & plus d'autorité aux réflexions : mais trop d'exemples & trop de détails énervent toujours un discours. Les digressions, trop longues ou trop fréquentes, rompent l'unité du sujet, & lassent les lecteurs sensés, qui ne veulent pas qu'on les détourne de l'objet principal, & qui d'ailleurs ne peuvent suivre, sans beaucoup de peine, une trop longue chaîne de faits & de preuves. On ne sauroit trop rapprocher les choses, ni trop-tôt conclure. Il faut saisir d'un coup d'œil la véritable preuve de son discours, & courir à la conclusion. Un esprit perçant fuit les épisodes, & laisse aux Écrivains médiocres le soin de s'arrêter à cueillir toutes les fleurs qui se trouvent sur leur chemin. C'est à eux d'amuser le peuple, qui lit sans objet, sans pénétration & sans goût.

CCXIV.

Le sot qui a beaucoup de mémoire, est plein de pensées & de faits ; mais il ne sait pas en conclure : tout tient à cela.

CCXV.

Savoir bien rapprocher les choses, voilà l'esprit juste. Le don de rapprocher beaucoup de choses, & de grandes choses, fait les esprits vastes. Ainsi la justesse paroît être le premier dégré, & une condition très-nécessaire de la vraie étendue d'esprit.

CCXVI.

Un homme qui digere mal & qui est vorace, est peut-être une image assez fidéle du caractere d'esprit de la plûpart des Savans.

CCXVII.

Je n'approuve point la maxime qui veut *qu'un honnête homme sache un peu de tout.* C'est savoir presque toujours inutilement, & quelquefois pernicieusement, que de savoir superficiellement & sans principes. Il est vrai que la plûpart des hommes ne sont guéres capables de connoître profondément : mais il est vrai aussi que celle science superficielle qu'ils recherchent, ne sert qu'à contenter leur vanité. Elle nuit à ceux qui possedent un vrai génie ; car elle les détourne nécessairement de leur objet principal, consume leur application dans les détails, & sur des objets étrangers à leurs besoins, & à leurs talens naturels. Et enfin elle ne sert point, comme ils s'en flattent, à prouver l'étendue de leur esprit. De tout temps on a vû des hommes qui savoient beaucoup avec un esprit très-médiocre ; & au contraire des esprits très-vastes qui savoient fort peu. Ni l'ignorance n'est défaut d'esprit, ni le savoir n'est preuve de génie.

CCXVIII.

La vérité échappe au jugement, comme les faits échappent à la mémoire. Les diverses faces des choses s'emparent tour à tour d'un esprit vif, & lui font quitter & reprendre successivement les mêmes opinions. Le goût n'est pas moins inconstant. Il s'use sur les choses les plus agréables, & varie comme notre humeur.

CCXIX.

Il y a peut-être autant de vérités parmi les hommes que d'erreurs, autant de bonnes qualités que de mauvaises, autant de plaisirs que de peines : mais nous aimons à contrôler la nature humaine, pour essayer de nous élever au-dessus de notre espèce, & pour nous enrichir de la considération dont nous tâchons de la dépouiller. Nous sommes si présomptueux que nous croyons pouvoir séparer notre intérêt personnel de celui de l'humanité, & médire du genre humain sans nous commettre. Cette vanité ridicule a rempli les livres des Philosophes d'invectives contre la nature. L'homme est maintenant en disgrace chez tous ceux qui pensent, & c'est à qui le chargera de plus de vices. Mais peut-être est-il sur le point de se relever & de se faire restituer toutes ses vertus ; car la Philosophie a ses modes comme les habits, la Musique & l'Architecture, &c.

CCXX.

Si-tôt qu'une opinion devient commune, il ne faut point d'autre raison pour obliger les hommes à l'abandonner & à embrasser son contraire ; jusqu'à ce que celle-ci vieillisse à son tour, & qu'ils ayent besoin de se distinguer par d'autres choses. Ainsi s'ils atteignent le but dans quelque art ou dans quelque science, on doit s'attendre qu'ils le passeront pour acquérir une nouvelle gloire. Et c'est ce qui fait en partie que les plus beaux siécles dégénerent si promptement, & qu'à peine sortis de la barbarie, ils s'y replongent.

CCXXI.

Les grands hommes en apprenant aux foibles à réflechir, les ont mis sur la route de l'erreur.

CCXXII.

Où il y a de la grandeur, nous la sentons malgré nous. La gloire des conquérans a toujours été combattue ; les peuples en ont toujours souffert : & ils l'ont toujours respectée.

CCXXIII.

Le contemplateur mollement couché & dans une chambre tapissée, invective contre le soldat, qui passe les nuits de l'hyver au bord d'un fleuve, & veille en silence sous les armes pour la sûreté de la patrie.

CCXXIV.

Ce n'est pas à porter la faim & la misere chez les Étrangers qu'un Héros attache la gloire, mais à les souffrir pour l'État : ce n'est pas à donner la mort, mais à la braver.

CCXXV.

Le vice fomente la guerre : la vertu combat. S'il n'y avoit aucune vertu, nous aurions pour toujours la paix.

CCXXVI.

La vigueur d'esprit ou l'adresse ont fait les premieres fortunes. L'inégalité des conditions est née de celle des génies & des courages.

CCXXVII.

Il est faux que l'égalité soit une loi de la Nature. La Nature n'a rien fait d'égal. Sa loi souveraine est la subordination & la dépendance.

CCXXVIII.

Qu'on tempere, comme on voudra, la souveraineté dans un État, nulle loi n'est capable d'empêcher un tyran d'abuser de l'autorité de son emploi.

CCXXIX.

On est forcé de respecter les dons de la Nature, que l'étude, ni la fortune ne peuvent donner.

CCXXX.

La plûpart des hommes sont si resserrés dans la sphere de leur condition, qu'ils n'ont pas même le courage d'en sortir par leurs idées. Et si on en voit quelques-uns que la spéculation des grandes choses rend en quelque sorte incapables des petites, on en trouve encore davantage à qui la pratique des petites a ôté jusqu'au sentiment des grandes.

CCXXXI.

Les espérances les plus ridicules & les plus hardies ont été quelquefois la cause des succès extraordinaires.

CCXXXII.

Les Sujets font leur cour avec bien plus de goût que les Princes ne la reçoivent. Il est toujours plus sensible d'acquérir que de jouir.

CCXXXIII.

Nous croyons négliger la gloire par pure paresse, tandis que nous prenons des peines infinies pour les plus petits intérêts.

CCXXXIV.

Nous aimons quelquefois jusqu'aux louanges, que nous ne croyons pas sinceres.

CCXXXV.

Il faut de grandes ressources dans l'esprit & dans le cœur, pour goûter la sincérité lorsquelle blesse, ou pour la pratiquer sans qu'elle offense. Peu de gens ont assez de fond pour souffrir la vérité & pour la dire.

CCXXXVI.

Il y a des hommes qui, sans y penser, se forment une idée de leur figure, qu'ils empruntent du sentiment qui les domine. Et c'est peut-être par cette raison qu'un fat se croit toujours beau.

CCXXXVII.

Ceux qui n'ont que de l'esprit ont du goût pour les grandes choses, & de la passion pour les petites.

CCXXXVIII.

La plûpart des hommes vieillissent dans un petit cercle d'idées, qu'ils n'ont pas tirées de leur fond. Il y a peut-être moins d'esprits faux que de stériles.

CCXXXIX.

Tout ce qui distingue les hommes paroît peu de chose. Qu'est-ce qui fait la beauté ou la laideur, la santé ou l'infirmité, l'esprit ou la stupidité ? Une légere différence des organes, un peu plus ou un peu moins de bile, &c. Cependant ce plus ou ce moins, est d'une importance infinie pour les hommes. Et lorsqu'ils en jugent autrement, ils sont dans l'erreur.

CCXL.

Deux choses peuvent à peine remplacer dans la vieillesse les talens & les agrémens ; la réputation, ou les richesses.

CCXLI.

Nous n'aimons pas les *zélés* qui font profession de mépriser tout ce dont nous nous piquons, pendant qu'ils se piquent eux-mêmes des choses encore plus méprisables.

CCXLII.

Quelque vanité qu'on nous reproche, nous avons besoin quelquefois qu'on nous assure de notre mérite.

CCXLIII.

Nous nous consolons rarement des grandes humiliations. Nous les oublions.

CCXLIV.

Moins on est puissant dans le monde, plus on peut commettre de fautes impunément, ou avoir inutilement un vrai mérite.

CCXLV.

Lorsque la fortune veut humilier les sages, elle les surprend dans ces petites occasions, où l'on est ordinairement sans précaution & sans défense. Le plus habile homme du monde ne peut empêcher que de légeres fautes n'entraînent quelquefois d'horribles malheurs. Et il perd sa réputation ou sa fortune par une petite imprudence, comme un autre se casse la jambe en se promenant dans sa chambre.

CCXLVI.

Il n'y a point d'homme qui ne porte dans son caractere une occasion continuelle de faire des fautes. Et si elles sont sans conséquence, c'est à la fortune qu'il le doit.

CCXLVII.

Nous sommes consternés de nos rechutes, & de voir que nos malheurs mêmes n'ont pû nous corriger de nos défauts.

CCXLVIII.

La nécessité modere plus de peines que la raison.

CCXLIX.

La nécessité empoisonne les maux qu'elle ne peut guérir.

CCL.

Les favoris de la fortune ou de la gloire, malheureux à nos yeux, ne nous détournent point de l'ambition.

CCLI.

La patience est l'art d'espérer.

CCLII.

Le désespoir comble non-seulement notre misere, mais notre foiblesse.

CCLIII.

Ni les dons, ni les coups de la fortune n'égalent ceux de la Nature, qui la passe en rigueur comme en bonté.

CCLIV.

Les biens & les maux extrêmes ne se font pas sentir aux ames médiocres.

CCLV.

Il y a peut-être plus d'esprits légers dans ce qu'on appelle le monde que dans les conditions moins fortunées.

CCLVI.

Les gens du monde ne s'entretiennent pas de si petites choses que le peuple. Mais le peuple ne s'occupe pas de choses si frivoles que les gens du monde.

CCLVII.

On trouve dans l'histoire de grands personnages que la volupté ou l'amour ont gouvernés. Elle n'en rappelle pas à ma mémoire qui ayent été galans. Ce qui fait le mérite essentiel de quelques hommes, ne peut même subsister dans quelques autres comme un foible.

CCLVIII.

Nous courons quelquefois les hommes qui nous ont imposé par leurs dehors, comme de jeunes gens qui suivent amoureusement un masque, le prenant pour la plus belle femme du monde, & qui le harcellent, jusqu'à ce qu'ils l'obligent de se découvrir, & de leur faire voir qu'il est un petit homme avec de la barbe & un visage noir.

CCLIX.

Le sot s'assoupit & fait diette en bonne compagnie, comme un homme que la curiosité a tiré de son élément, & qui ne peut ni respirer ni vivre dans un air subtil.

CCLX.

Le sot est comme le peuple, qui se croit riche de peu.

CCLXI.

Lorsqu'on ne veut rien perdre ni cacher de son esprit, on en diminue d'ordinaire la réputation.

CCLXII.

Des Auteurs sublimes n'ont pas négligé de primer encore par les agrémens, flattés de remplir l'intervalle de ces deux extrêmes, & d'embrasser toute la sphere de l'esprit humain. Le Public, au lieu d'applaudir à l'universalité de leurs talens, a cru qu'ils étoient incapables de se soutenir dans l'héroïque. Et on n'ose les égaler à ces grands hommes qui, s'étant renfermés soigneusement dans un seul & beau caractere, paroissent avoir dédaigné de dire tout ce qu'ils ont tu, & abandonné aux génies subalternes les talens médiocres.

CCLXIII.

Ce qui paroît aux uns étendue d'esprit, n'est aux yeux des autres que mémoire & légereté.

CCLXIV.

Il est aisé de critiquer un Auteur ; mais il est difficile de l'apprécier.

CCLXV.

Je n'ôte rien à l'illustre Racine, le plus sage & le plus éloquent des Poëtes, pour n'avoir pas traité beaucoup de choses qu'il eût embellies, content d'avoir montré dans un seul genre la richesse & la sublimité de son esprit. Mais je me sens forcé de respecter un génie hardi & fécond, élevé, pénétrant, facile, infatigable ; aussi ingénieux & aussi aimable dans les ouvrages de pur agrément que vrai & pathétique dans les autres : d'une vaste imagination, qui a embrassé & pénétré rapidement toute l'économie des choses humaines ; à qui ni les sciences abstraites, ni les arts, ni la politique, ni les mœurs des peuples, ni leurs opinions, ni leurs histoires, ni leurs langues mêmes n'ont pu échapper : illustre, en sortant de l'enfance, par la grandeur & par la force de sa poësie, féconde en pensées ; & bien-tôt après par les charmes & par le caractere original & plein de raison de sa prose : Philosophe & Peintre sublime, qui a semé avec éclat dans ses Écrits tout ce qu'il y a de grand dans l'esprit des hommes, qui a représenté les passions avec des traits de feu & de lumiere, & enrichi le Théâtre de nouvelles graces : sçavant à imiter le caractere & à saisir l'esprit des bons ouvrages de chaque nation par l'extrême étendue de son génie, mais n'imitant rien d'ordinaire qu'il ne l'embellisse : éclatant jusques dans les fautes qu'on a cru remarquer dans ses Écrits, & tel que malgré leurs défauts, & malgré les efforts de la critique, il a occupé sans relâche de ses veilles ses amis & ses ennemis, & porté chez les Étrangers dès sa jeunesse la réputation de nos Lettres, dont il a reculé toutes les bornes.

CCLXVI.

Si on ne regarde que certains ouvrages des meilleurs Auteurs, on sera tenté de les mépriser. Pour les apprécier avec justice, il faut tout lire.

CCLXVII.

Il ne faut point juger des hommes par ce qu'ils ignorent, mais par ce qu'ils savent, & par la maniere dont ils le savent.

CCLXVIII.

On ne doit pas non plus demander aux Auteurs une perfection qu'ils ne puissent atteindre. C'est faire trop d'honneur à l'esprit humain de croire que des ouvrages irréguliers n'ayent jamais le droit de lui plaire, sur-tout si ces ouvrages peignent les passions. Il n'est pas besoin d'un grand art pour faire sortir les meilleurs esprits de leur assiette, & pour leur cacher les défauts d'un tableau hardi & touchant. Cette parfaite régularité qui manque aux Auteurs, ne se trouve point dans nos propres conceptions. Le caractere naturel de l'homme ne comporte pas tant de regle. Nous ne devons pas supposer dans le sentiment une délicatesse que nous n'avons que par réflexion. Il s'en faut de beaucoup que notre goût soit toujours aussi difficile à contenter que notre esprit.

CCLXIX.

Il nous est plus facile de nous teindre d'une infinité de connoissances, que d'en bien posséder un petit nombre.

CCLXX.

Jusqu'à ce qu'on rencontre le secret de rendre les esprits plus justes, tous les pas que l'on pourra faire dans la vérité, n'empêcheront pas les hommes de raisonner faux : & plus on voudra les pousser au-delà des notions communes, plus on les mettra en péril de se tromper.

CCLXXI.

Il n'arrive jamais que la littérature & l'esprit de raisonnement deviennent le partage de toute une nation, qu'on ne voye aussitôt dans la Philosophie & dans les beaux arts, ce qu'on remarque dans les gouvernemens populaires, où il n'y a point de puérilités & de fantaisies qui ne se produisent, & ne trouvent des partisans.

CCLXXII.

L'erreur ajoutée à la vérité ne l'augmente point. Ce n'est pas étendre la carriere des arts que d'admettre de mauvais genres ; c'est gâter le goût. C'est corrompre le jugement des hommes qui se laisse aisément séduire par les nouveautés, & qui mêlant ensuite le vrai & le faux, se détourne bientôt dans ses productions de l'imitation de la nature, & s'appauvrit ainsi en peu de temps par la vaine ambition d'imaginer & de s'écarter des anciens modèles.

CCLXXIII.

Ce que nous appellons une pensée brillante, n'est ordinairement qu'une expression captieuse, qui à l'aide d'un peu de vérité, nous impose une erreur qui nous étonne.

CCLXXIX.

Qui a le plus, a, dit-on, le moins. Cela est faux. Le Roi d'Espagne tout puissant qu'il est, ne peut rien à Lucques. Les bornes des talens sont encore plus inébranlables que celles des empires. Et on usurperoit plûtôt toute la terre que la moindre vertu.

CCLXXV.

La plûpart des grands personnages ont été les hommes de leur siécle les plus éloquents. Les Auteurs des plus beaux systêmes, les Chefs de parti & de sectes, ceux qui ont eu dans tous les temps le plus d'empire sur l'esprit des peuples, n'ont dû la meilleure partie de leur succès qu'à l'éloquence vive & naturelle de leur ame. Il ne paroît pas qu'ils ayent cultivé la Poësie avec le même bonheur. C'est que la Poësie ne permet guéres que l'on se partage, & qu'un art si sublime & si pénible se peut rarement allier avec l'embarras des affaires & les occupations tumultuaires de la vie : au lieu que l'éloquence se mêle par tout, & qu'elle doit la plus grande partie de ses séductions à l'esprit de médiation & de manége, qui forme les hommes d'État & les politiques, &c.

CCLXXVI.

C'est une erreur dans les Grands de croire qu'ils peuvent prodiguer sans conséquence leurs paroles & leurs promesses. Les hommes souffrent avec peine qu'on leur ôte ce qu'ils se sont en quelque sorte appropriés par l'espérance. On ne les trompe pas long-temps sur leurs intérêts, & ils ne haïssent rien tant que d'être dupes. C'est par cette raison qu'il est si rare que la fourberie réussisse. Il faut de la sincérité & de la droiture, même pour séduire. Ceux qui ont abusé les peuples sur quelque intérêt général, étoient fidéles aux particuliers. Leur habileté consistoit à captiver les esprits par des avantages réels. Quand on connoît bien les hommes, & qu'on veut les faire servir à ses desseins, on ne compte point sur un appas aussi frivole que celui des discours & des promesses. Ainsi les grands Orateurs, s'il m'est permis de joindre ces deux choses, ne s'efforcent pas d'imposer par un tissu de flatteries & d'impostures, par une dissimulation continuelle & par un langage purement ingénieux. S'ils cherchent à faire illusion sur quelque point principal, ce n'est qu'à force de sincérités & de vérités de détail ; car le mensonge est foible par lui-même : il faut qu'il se cache avec soin. Et s'il arrive qu'on persuade quelque chose par des discours spécieux, ce n'est pas sans beaucoup de peine. On auroit grand tort d'en conclure que ce soit en cela que consiste l'éloquence. Jugeons au contraire par ce pouvoir des simples apparences de la vérité, combien la vérité elle-même est éloquente & supérieure à notre art.

CCLXXVII.

Un menteur est un homme qui ne sait pas tromper. Un flatteur, celui qui ne trompe ordinairement que les sots. Celui qui sait se servir avec adresse de la vérité & qui en connoît l'éloquence, peut seul se piquer d'être habile.

CCLXXVIII.

Est-il vrai que les qualités dominantes excluent les autres ? Qui a plus d'imagination que Bossuet, Montaigne, Descartes, Pascal, tous grands Philosophes ? Qui a plus de jugement & de sagesse que Racine, Boileau, La Fontaine, Moliere, tous Poëtes pleins de génie ?

CCLXXIX.

Descartes a pu se tromper dans quelques-uns de ses principes, & ne se point tromper dans ses conséquences, sinon rarement. On auroit donc tort, ce me semble, de conclure de ses erreurs que l'imagination & l'invention ne s'accordent point avec la justesse. La grande vanité de ceux qui n'imaginent pas, est de se croire seuls judicieux. Ils ne font pas attention que les erreurs de Descartes, génie créateur, ont été celles de trois ou quatre mille Philosophes, tous gens sans imagination. Les esprits subalternes n'ont point d'erreur en leur privé nom, parce qu'ils sont incapables d'inventer, même en se trompant : mais ils sont toujours entraînés, sans le savoir, par l'erreur d'autrui. Et lorsqu'ils se trompent d'eux-mêmes, ce qui peut arriver souvent, c'est dans des détails & des conséquences. Mais leurs erreurs ne sont ni assez vraisemblables pour être contagieuses, ni assez importantes pour faire du bruit.

CCLXXX.

Ceux qui sont nés éloquens parlent quelquefois avec tant de clarté & de briéveté des grandes choses, que la plûpart des hommes n'imaginent point qu'ils en parlent avec profondeur. Les esprits pesans, les Sophistes ne reconnoissent pas la Philosophie, lorsque l'éloquence la rend populaire, & qu'elle ose peindre le vrai avec des traits fiers & hardis. Ils traitent de superficielle & de frivole cette splendeur d'expression, qui emporte avec elle la preuve des grandes pensées. Ils veulent des définitions, des discussions, des détails & des argumens. Si Locke eût rendu vivement en peu de pages les sages vérités de ses Écrits, ils n'auroient osé le compter parmi les Philosophes de son siécle.

CCLXXXI.

C'est un malheur que les hommes ne puissent d'ordinaire posséder aucun talent, sans avoir quelque envie d'abaisser les autres. S'ils ont de la finesse, ils décrient la force ; s'ils sont Géometres ou Phisiciens, ils écrivent contre la Poësie & l'éloquence. Et les gens du monde qui ne pensent pas que ceux qui ont excellé dans quelque genre, jugent mal d'un autre talent, se laissent prévenir par leurs décisions. Ainsi quand la métaphysique ou l'algebre sont à la mode, ce sont des Métaphysiciens & des Algébristes, qui font la réputation des Poëtes & des Musiciens. Ou tout au contraire. L'esprit dominant assujettit les autres à son tribunal, & la plûpart du temps à ses erreurs.

CCLXXXII.

Qui peut se vanter de juger, ou d'inventer, ou d'entendre, à toutes les heures du jour ? Les hommes n'ont qu'une petite portion d'esprit, de goût, de talent, de vertu, de gayeté, de santé, de force, &c. Et ce peu qu'ils ont en partage, ils ne le possédent point à leur volonté, ni dans le besoin, ni dans tous les âges.

CCLXXXIII.

C'est une maxime inventée par l'envie, & trop légerement adoptée par les Philosophes : *Qu'il ne faut point louer les hommes avant leur mort.* Je dis au contraire que c'est pendant leur vie qu'il faut les louer, lorsqu'ils ont mérité de l'être. C'est pendant que la jalousie & la calomnie, animées contre leur vertu ou leurs talens, s'efforcent de les dégrader, qu'il faut oser leur rendre témoignage. Ce sont les critiques injustes qu'il faut craindre de hazarder, & non les louanges sinceres.

CCLXXXIV.

L'envie ne sauroit se cacher. Elle accuse & juge sans preuves. Elle grossit les défauts, elle a des qualifications énormes pour les moindres fautes. Son langage est rempli de fiel, d'exagération & d'injure. Elle s'acharne avec opiniâtreté & avec fureur conte le mérite éclatant. Elle est aveugle, emportée, insensée, brutale.

CCLXXXV.

Il faut exciter dans les hommes le sentiment de leur prudence & de leur force, si on veut élever leur génie. Ceux qui par leurs discours ou leurs écrits ne s'attachent qu'à relever les ridicules & les foiblesses de l'humanité, sans distinction ni égards, éclairent bien moins la raison & les jugemens du public, qu'ils ne dépravent ses inclinations.

CCLXXXVI.

Je n'admire point un Sophiste qui réclame contre la gloire & contre l'esprit des grands hommes. En ouvrant mes yeux sur le foible des plus beaux génies, il m'apprend à l'apprécier lui-même ce qu'il peut valoir. Il est le premier que je raie du tableau des hommes illustres.

CCLXXXVII.

Nous avons grand tort de penser que quelque défaut que ce soit, puisse exclure toute vertu, ou de regarder l'alliance du bien & du mal comme un monstre & comme une enigme. C'est faute de pénétration que nous concilions si peu de choses.

CCLXXXVIII.

Les faux Philosophes s'efforcent d'attirer l'attention des hommes, en faisant remarquer dans notre esprit des contrariétés & des difficultés qu'ils forment eux-mêmes ; comme d'autres amusent les enfans par des tours de cartes, qui confondent leur jugement, quoique naturels & sans magie. Ceux qui nouent ainsi les choses, pour avoir le mérite de les dénouer, sont les charlatans de la morale.

CCLXXXIX.

Il n'y a point de contradictions dans la nature.

CCXC.

Est-il contre la raison ou la justice de s'aimer soi-même ? Et pourquoi voulons-nous que l'amour-propre soit toujours un vice ?

CCXCI.

S'il y a un amour de nous-mêmes naturellement officieux & compatissant, & un autre amour-propre sans humanité, sans équité, sans bornes, sans raison, faut-il les confondre ?

CCXCII.

Quand il seroit vrai que les hommes ne seroient vertueux que par raison, que s'ensuivroit-il ? Pourquoi si on nous loue avec justice de nos sentimens, ne nous loueroit-on pas encore de notre raison ? Est-elle moins nôtre que la volonté ?

CCXCIII.

On suppose que ceux qui servent la vertu par réflexion, la trahiroient pour le vice utile. Oui, si le vice pouvoit être tel aux yeux d'un esprit raisonnable.

CCXCIV.

Il y a des semences de bonté & de justice dans le cœur de l'homme. Si l'intérêt propre y domine, j'ose dire que cela est non-seulement selon la nature, mais aussi selon la justice, pourvû que personne ne souffre de cet amour-propre, ou que la société y perde moins qu'elle n'y gagne.

CCXCV.

Celui qui recherche la gloire par la vertu ne demande que ce qu'il mérite.

CCXCVI.

J'ai toujours trouvé ridicule que les Philosophes ayent fait une vertu incompatible avec la nature de l'homme, & qu'après l'avoir ainsi feinte, ils ayent prononcé froidement, qu'il n'y avoit aucune vertu. Qu'ils parlent du fantôme de leur invention ; ils peuvent à leur gré l'abandonner ou le détruire, puisqu'ils l'ont créé. Mais la véritable vertu, celle qu'ils ne veulent pas nommer de ce nom parce qu'elle n'est pas conforme à leurs définitions, celle qui est l'ouvrage de la Nature, non le leur, & qui consiste principalement dans la bonté & la vigueur de l'ame, celle-ci n'est point dépendante de leur fantaisie, & subsistera à jamais avec des caracteres ineffaçables.

CCXCVII.

Le corps a ses graces, l'esprit ses talens. Le cœur n'auroit-il que des vices ? Et l'homme capable de raison, seroit-il incapable de vertu ?

CCXCVIII.

Nous sommes susceptibles d'amitié, de justice, d'humanité, de compassion & de raison. Ô mes amis ! Qu'est-ce donc que la vertu ?

CCXCIX.

Si l'illustre Auteur des Maximes eût été tel qu'il a tâché de peindre tous les hommes, mériteroit-il nos hommages, & le culte idolâtre de ses prosélytes.

CCC.

Ce qui fait que la plûpart des livres de morale sont si insipides, est que leurs Auteurs ne sont pas sinceres. C'est que foibles échos les uns des autres, ils n'oseroient produire leurs propres maximes & leurs secrets sentimens. Ainsi non-seulement dans la morale, mais en quelque sujet que ce puisse être, presque tous les hommes passent leur vie à dire & à écrire ce qu'ils ne pensent point. Et ceux qui conservent encore quelque amour de la vérité, excitent contre eux la colere & les préventions du public.

CCCI.

Il n'y a guéres d'esprits qui soient capables d'embrasser à la fois toutes les faces de chaque sujet. Et c'est-là, à ce qu'il me semble, la source la plus ordinaire des erreurs des hommes. Pendant que la plus grande partie d'une nation languit dans la pauvreté, l'opprobre & le travail, l'autre qui abonde en honneurs, en commodités, en plaisirs, ne se lasse pas d'admirer le pouvoir de la politique, qui fait fleurir les arts & le commerce, & rend les États redoutables.

CCCII.

Les plus grands ouvrages de l'esprit humain, sont très-assurément les moins parfaits. Les loix qui sont la plus belle invention de la raison, n'ont pû assurer le repos des peuples sans diminuer leur liberté.

CCCIII.

Quelle est quelquefois la foiblesse & l'inconséquence des hommes ! Nous nous étonnons de la grossiereté de nos peres, qui regne cependant encore dans le peuple, la plus nombreuse partie de la nation : & nous méprisons en même temps les belles lettres & la culture de l'esprit, le seul avantage qui nous distingue du peuple & de nos ancêtres.

CCCIV.

Le plaisir & l'ostentation l'emportent dans le cœur des grands sur l'intérêt, Nos passions se reglent ordinairement sur nos besoins.

CCCV.

Le peuple & les grands n'ont ni les mêmes vertus ni les mêmes vices.

CCCVI.

C'est à notre cœur à regler le rang de nos intérêts, & à notre raison de les conduire.

CCCVII.

La médiocrité d'esprit & la paresse font plus de Philosophes que la réflexion.

CCCVIII.

Nul n'est ambitieux par raison, ni vicieux par défaut d'esprit.

CCCIX.

Tous les hommes sont clairvoyans sur leurs intérêts ; & il n'arrive guéres qu'on les en détache par la ruse. On a admiré dans les négociations la supériorité de la Maison d'Autriche, mais pendant l'énorme puissance de cette Famille, non après. Les traités les mieux ménagés ne sont que la loi du plus fort.

CCCX.

Le commerce est l'école de la tromperie.

CCCXI.

À voir comme en usent les hommes, on seroit porté quelquefois à penser que la vie humaine & les affaires du monde sont un jeu sérieux, où toutes les finesses sont permises pour usurper le bien d'autrui à nos perils & fortunes ; & où l'heureux dépouille en tout honneur le plus malheureux ou le moins habile.

CCCXII.

C'est un grand spectacle de considérer les hommes, méditans en secret de s'entrenuire, & forcés néanmoins de s'entr'aider contre leur inclination & leur dessein.

CCCXIII.

Nous n'avons ni la force ni les occasions d'exécuter tout le bien & tout le mal que nous projettons.

CCCXIV.

Nos actions ne sont ni si bonnes, ni si vicieuses, que nos volontés.

CCCXV.

Dès que l'on peut faire du bien, on est à même de faire des dupes. Un seul homme en amuse alors une infinité d'autres, tous uniquement occupés de le tromper. Ainsi il en coûte peu aux gens en place pour surprendre leurs inférieurs. Mais il est mal-aisé à des misérables, d'imposer à qui que ce soit. Celui qui a besoin des autres, les avertit de se défier de lui. Un homme inutile a bien de la peine à leurrer personne.

CCCXVI.

L'indifférence où nous sommes pour la vérité dans la morale, vient de ce que nous sommes décidés à suivre nos passions, quoiqu'il en puisse être. Et c'est ce qui fait que nous n'hésitons pas lorsqu'il faut agir, malgré l'incertitude de nos opinions. Peu m'importe, disent les hommes, de savoir où est la vérité, sachant où est le plaisir.

CCCXVII.

Les hommes se défient moins de la coutume & de la tradition de leurs ancêtres, que de leur raison.

CCCXVIII.

La force ou la foiblesse de notre créance dépend plus de notre courage que de nos lumieres. Tous ceux qui se moquent des augures, n'ont pas toujours plus d'esprit que ceux qui y croient.

CCCXIX.

Il est aisé de tromper les plus habiles, en leur proposant des choses qui passent leur esprit & qui intéressent leur cœur.

CCCXX.

Il n'y a rien que la crainte & l'espérance ne persuadent aux hommes.

CCCXXI.

Qui s'étonnera des erreurs de l'antiquité, s'il considere qu'encore aujourd'hui, dans le plus Philosophe de tous les siécles, bien des gens de beaucoup d'esprit n'oseroient se trouver à une table de treize couverts.

CCCXXII.

L'intrépidité d'un homme incrédule, mais mourant, ne peut le garantir de quelque trouble, s'il raisonne ainsi : Je me suis trompé mille fois sur mes plus palpables intérêts, & ai pû me tromper encore sur la Religion. Or je n'ai plus le temps ni la force de l'approfondir, & je meurs....

CCCXXIII.

La foi est la consolation des misérables, & la terreur des heureux.

CCCXXIV.

La courte durée ne peut nous dissuader de ses plaisirs, ni nous consoler de ses peines.

CCCXXV.

Ceux qui combattent les préjugés du peuple, croyent n'être pas peuple. Un homme qui avoit fait à Rome un argument contre les Poulets sacrés, se regardoit peut-être comme un Philosophe.

CCCXXVI.

Lorsqu'on rapporte sans partialité les raisons des Sectes opposées, & qu'on ne s'attache à aucune, il semble qu'on s'éleve en quelque sorte au-dessus de tous les partis. Demandez cependant à ces Philosophes neutres, qu'ils choisissent une opinion, ou qu'ils établissent d'eux-mêmes quelquechose, vous verrez qu'ils n'y sont pas moins embarrassés que tous les autres. Le monde est peuplé d'esprits froids, qui n'étant pas capables par eux-mêmes d'inventer, s'en consolent en rejettant toutes les inventions d'autrui, & qui méprisant au-dehors beaucoup de choses, croyent se faire plus estimer.

CCCXXVII.

Qui sont ceux qui prétendent que le monde est devenu vicieux ? Je les crois sans peine. L'ambition, la gloire, l'amour, en un mot toutes les passions des premiers âges, ne font plus les mêmes désordres & le même bruit. Ce n'est pas peut-être que ces passions soient aujourd'hui moins vives qu'autrefois ; c'est parce qu'on les désavoue & qu'on les combat. Je dis donc que le monde est comme un vieillard, qui conserve tous les desirs de la jeunesse ; mais qui en est honteux & s'en cache, soit parce qu'il est détrompé du mérite de beaucoup de choses, soit parce qu'il veut le paroître.

CCCXXVIII.

Les hommes dissimulent par foiblesse & par la crainte d'être méprisés leurs plus cheres, leurs plus constantes, & quelquefois leurs plus vertueuses inclinations.

CCCXXIX.

L'art de plaire est l'art de tromper.

CCCXXX.

Nous sommes trop inattentifs ou trop occupés de nous-mêmes pour nous approfondir les uns les autres. Quiconque a vû des masques dans un bal, danser amicalement ensemble, & se tenir par la main sans se connoître pour se quitter le moment d'après, & ne plus se voir ni se regretter, peut se faire une idée du monde.

FIN

UltraLetters vous invite à lire ou relire...

Collection Classiques

Charles Baudelaire, *Pauvre Belgique!*
Hendrik Conscience, *De Leeuw van Vlaanderen (édition néerlandaise)*
James Fenimore Cooper, *Le Dernier des Mohicans*
Charles Darwin, *L'Origine des espèces*
Charles Dickens, *A Christmas Carol (édition bilingue anglais-français)*
Erasme, *Eloge de la folie*
Gustave Flaubert,
      L'éducation sentimentale
      Madame Bovary
      Salammbô
Anatole France
      Jocaste et Le Chat maigre, 1879
      Le crime de Sylvestre Bonnard, 1881
      Le Lys rouge, 1894
      Le Jardin d'Epicure, 1894
      Crainquebille, Putois, Riquet et plusieurs autres récits profitables, 1904
      L'Île des Pingouins, 1908
      Les dieux ont soif, 1912
      La Révolte des anges, 1914
Jerome K. Jerome, *Three Men in a Boat (édition bilingue anglais-français)*
Comte de Lautréamont, *Les Chants de Maldoror, suivi de Poésies I et II*
Camille Lemonnier, *Un Mâle*
Jack London,
      The Call of the Wild (édition anglaise)
      Love of Life (édition bilingue anglais-français)
William Shakespeare, *Roméo et Juliette*
Sophocle, *Antigone (édition anglaise)*
Robert Louis Stevenson, *Dr. Jekyll et Mr. Hyde* (édition bilingue anglais-français)
Oscar Wilde,
      L'Âme humaine sous le régime socialiste
      Le Crime de Lord Savile et autres contes
      Le Portrait de Dorian Gray
      The Picture of Dorian Gray (édition anglaise)
      The Picture of Dorian Gray (édition bilingue anglais-français)
      The Soul of Man under Socialism (édition bilingue anglais-français)
Vauvenargues, *Réflexions et maximes*
Jules Verne,
      Un capitaine de quinze ans
      Cinq semaines en ballon
      De la Terre à la Lune
      Michel Strogoff
      Le Tour du monde en quatre-vingts jours
      Vingt mille lieues sous les mers
      Voyage au centre de la Terre
Richard Wagner, *Dix écrits*

Collection Contes & Légendes

Hans Christian Andersen, *Contes d'Andersen*
Lewis Carroll,
    Alice au pays des merveilles (illustré)
    Alice au pays des merveilles (édition bilingue anglais-français)
Frères Grimm, *80 contes*

Collection Histoire

Jean François Paul de Gondi, Cardinal de Retz, *Mémoires*
Arthur Young, *Voyages en France: En 1787, 1788, 1789 et 1790*

Collection Humour

Alphonse Allais, *A se tordre*
Jean Aymard de Vauquonery,
    Mémoires d'un amnésique
    The Air Handbook of Air Guitar

Collection Management

Eric Lorio, *Les citations du manager*

Collection Politique

Nicolas Machiavel, *Le Prince*
Karl Marx & Friedrich Engels, *Manifeste du parti communiste*
Thomas More, *L'Utopie*
Sun Tzu, *L'Art de la guerre*

Collection Sciences Humaines

Henri Bergson (œuvres majeures)
    1. *Essai sur les données immédiates de la conscience*, 1889
    2. *Matière et Mémoire*, 1896
    3. *Le Rire. Essai sur la signification du comique*, 1899
    4. *L'Évolution créatrice*, 1907
    5. *L'Énergie spirituelle*, 1919
    6. *Durée et simultanéité*, 1922
    7. *Les Deux Sources de la morale et de la religion*, 1932
    8. *La Pensée et le mouvant*, 1934
Emile Durkheim, *Les règles de la méthode sociologique*, 1894
Gustave Le Bon,
    Psychologie de l'éducation
    Psychologie des foules
    Psychologie politique et défense sociale

Collection Spiritualités

Anonyme, *La Bhagavad-Gîtâ, ou le Chant du Bienheureux*

UltraLetters